A M. FRANCISQUE SARCEY

(DE L'*OPINION NATIONALE*.)

LA LIBERTÉ DES THÉATRES

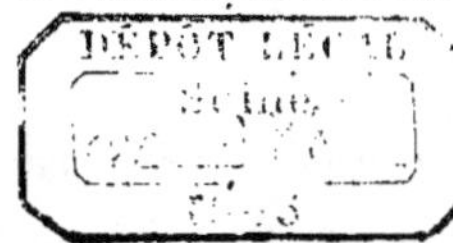

ET L'ASSOCIATION

DES AUTEURS DRAMATIQUES

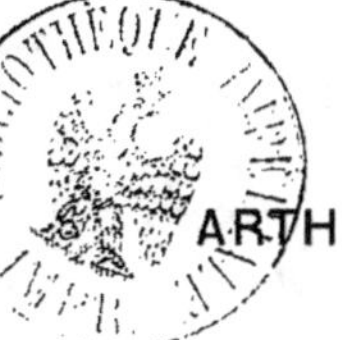

PAR

ARTHUR ARNOULD

« Le théâtre est occupé, envahi, par une demi-douzaine de vieillards qui l'encombrent de leurs productions et font le vide autour d'eux. Nous les connaissons, ces vieillards acharnés au gâteau ; ils sont épuisés, finis, vidés..., ils n'ont plus rien dans le ventre. Ils remâchent leurs anciennes pièces, et ils nous les resservent sans paix ni trêve ; nous en sommes las, écœurés. Il faut que tout cela ait une fin. »

(SARCEY, *Opinion nationale*, 4 déc. 1864.)

La liberté est toujours inutile et dangereuse... quand elle est incomplète !

(*Ci-après*, p. 5.)

PARIS

ROUDIEZ ET Cie

LIBRAIRIE DU *CATALOGUE*, 30, RUE DAUPHINE

1865

Nous ne prétendons pas avoir découvert l'unique remède au mal dont tout le monde se plaint; ce que nous avons voulu, c'est proposer, seulement, un moyen de le combattre, c'est provoquer une discussion sérieuse et réfléchie, c'est appeler l'attention du public sur un état de choses nuisible aux intérêts de l'art dramatique et vraiment intolérable.

Les abus signalés par nous existent; et il n'y a pas d'abus qui ne se puissent réformer. Lorsqu'ils durent, c'est que la volonté du mieux s'atrophie dans les esprits.

Nous recevrons avec reconnaissance toutes les critiques, toutes les objections. — Quant à ceux qui approuveront ce projet, nous les engageons vivement à joindre leurs efforts aux nôtres, pour donner à la question une SOLUTION PRATIQUE.

Les paroles ne suffisent pas : — l'important, c'est d'agir.

A MONSIEUR FRANCISQUE SARCEY.

MONSIEUR,

Vous veniez de publier, dans l'*Opinion nationale*[1], deux articles très remarquables sur l'*Association des auteurs dramatiques*, — articles où vous exposiez avec beaucoup de force que cette association a combattu des abus par une coalition, et le privilége par le monopole, — lorsque je pris la liberté de vous écrire pour vous exposer les causes, qui, suivant moi, contribuaient, d'autre part, à éloigner de la scène tous les auteurs jeunes ou nouveaux.

Je terminais en vous proposant divers moyens de remédier à ce mal que tous les bons esprits déplorent comme vous, car il ne s'agit pas ici seulement des espoirs déçus, des ambitions trompées de quelques individus condamnés à garder leurs œuvres indéfiniment en portefeuille; mais des intérêts de l'art dramatique lui-même tombé de *Mélodrames* en *Revues*, et de *Revues* en *Féeries,* jusqu'au degré d'abaissement et d'épuisement où nous le voyons aujourd'hui.

Le 19 décembre suivant, vous écriviez dans votre feuilleton :

« Il ne me reste, en terminant cette discussion, qui va être forcément interrompue durant quelques semaines, qu'à remercier les nombreux correspondants qui m'ont éclairé de leurs avis, soutenu de leur bienveillante approbation. Presque tous, même les plus récalcitrants, s'accordent en un point : *c'est qu'il y a quelque chose à faire.* Ce quelque chose beaucoup le cherchent. J'ai reçu tout un travail fort curieux de M. Arthur Arnould;

[1] 4 et 12 décembre 1864.

un autre de M. Lucien d'Hura..... J'y reviendrai, quand les pièces nouvelles m'en laisseront le loisir. »

Depuis, j'ai eu l'honneur de causer avec vous sur la question traitée dans ma lettre, et vous m'avez témoigné que vous approuviez entièrement le point de départ de mon idée, que vous la trouviez réalisable et efficace, sans pouvoir toutefois encore vous prononcer sur certains détails et moyens d'exécution, que la brièveté et la rapidité de ma première communication ne m'avaient pas permis d'exposer d'une façon complète.

Encouragé par cet accueil sympathique d'un juge aussi compétent que vous, j'ai repris mon travail, je l'ai développé, je lui ai donné tous les éclaircissements nécessaires, et je le soumets de nouveau à votre appréciation.

La *question du théâtre* est devenue une question urgente, sur laquelle il faut appeler la lumière pour rendre désormais impossibles ces honteux tripotages et cet *accaparement* dont la production dramatique est l'objet de la part « d'une demi-douzaine de vieillards épuisés, finis, vidés, qui remâchent leurs anciennes pièces et nous les resservent sans paix ni trêve ! »

La cause de l'avenir dramatique, grâce à la courageuse initiative que vous avez prise, est aujourd'hui pendante devant l'opinion publique.

Cette cause, vous saurez la défendre avec autorité; vous saurez réduire au silence la coalition des intéressés, car c'est au nom du droit et de la liberté que vous direz aux *faiseurs :* Place au talent !

A. A.

LA LIBERTÉ DES THÉATRES

ET L'ASSOCIATION

DES AUTEURS DRAMATIQUES

Dialogue familier entre un *Satisfait* et un *Mécontent*

A. ET B.

A. (*se frottant les mains*).— Eh! bien, M. B., vous l'avez, votre liberté des théâtres! Vous l'avez depuis sept mois! Qu'a-t-elle produit?

B. — Rien de ce que vous redoutiez, rien de ce que j'espérais.

A. — Que vous disais-je?... La liberté est inutile, quand elle n'est pas dangereuse.

B. — Je vais plus loin que vous. La liberté est toujours inutile et dangereuse... quand elle est incomplète.

A. (*bondissant*). — Incomplète!... Comment, le premier venu — pourvu qu'il ait des millions, — peut construire un théâtre, — s'il a le talent de plaire à M. le préfet de police et à ses agents, — y représenter toutes les pièces imaginables, — sous le bon plaisir de la censure, — et vous n'êtes pas satisfait? Voilà pourtant de la liberté, ou je ne m'y connais pas!

B. — Je le croirais volontiers; mais peu importe. — Je dis que la liberté des théâtres est incomplète, parce que les entreprises dramatiques existant au moment du décret de 1864 reposaient sur l'exercice de *deux* monopoles, et que le décret n'en a supprimé qu'*un*, le moins nuisible des deux peut-être.

A. — Je vous vois venir d'ici; vous allez encore vous en prendre au gouvernement, et, le lendemain du jour où il a réalisé vos vœux, lui reprocher...

B. — Je ne reproche rien au gouvernement. Il a rempli son devoir. Créateur du monopole des directions privilégiées, c'était à lui qu'il appartenait de détruire ce monopole, et il l'a détruit [1].

A. — Que lui demandez-vous alors?

B. — A lui, rien. C'est à vous et à moi, c'est à tout le monde, que je de-

[1] Et encore, à cet égard, il y aurait fort à dire, s'il était vrai, comme certains faits tendent à le prouver, que l'abolition du privilége des directeurs n'a jusqu'à présent eu d'autre résultat immédiat que de transporter et de centraliser tous les priviléges abolis entre les mains de M. le Préfet de police, qui autorise ou défend la création des nouveaux théâtres, suivant son caprice.

Faudrait-il s'en étonner d'ailleurs? — La police jouit en France, de nos jours, des immunités les plus larges vis-à-vis des citoyens qui, eux, n'ont vis-à-vis d'elle que des devoirs. Ce qui manque en liberté aux individus se retrouve naturellement en omnipotence rue de Jérusalem.

mande de continuer l'œuvre commencée, et de la rendre féconde en lui faisant porter ses fruits naturels.

A. — Ça ne me regarde pas. La liberté existe, usez-en.

B. — La liberté existe en droit, mais non en fait. Un privilége ne reste jamais seul. A peine né, il en crée une multitude à la suite, et c'est ce qui est arrivé pour les théâtres. Tout privilége, en effet, menace les intérêts qu'il ne protége pas. Il faut donc résister à cette menace; or, de même qu'on repousse la violence par la violence, on oppose un privilége à un privilége. Après dix ans d'une semblable lutte, le monopole et la coalition sont partout, la justice et l'égalité nulle part. Les directeurs privilégiés exploitaient les auteurs; les auteurs se sont coalisés pour faire la loi aux directeurs. J'ajoute que le caractère essentiel de la liberté, c'est d'être absolue. Du moment où elle est resserrée dans un étroit espace; du moment où elle se heurte de tous côtés à une limite, à une entrave; du moment où elle ne profite pas à tout et à tous, elle n'est plus la liberté : elle est encore un privilége, sous un autre nom, et elle augmente les antagonismes qu'elle devait supprimer.

A. (*inquiet*). — Mais ce sont là des théories révolutionnaires. Si la liberté profitait à tout et à tous, comme vous le dites, elle enfanterait la confusion, et nous jetterait dans l'abomination de la désolation.

B. — Admettez-vous que la liberté de consommer, implique nécessairement la liberté de produire?

A. — Certainement.

B. — Admettez-vous que l'une sans l'autre serait un non-sens? Que ma liberté de consommer sera un vain mot, si elle se trouve limitée par une production restreinte? Que la liberté de produire sera dérisoire, si la consommation est réglementée?

A. — Evidemment.

B. — Eh! bien, la liberté des théâtres, telle qu'elle existe actuellement, c'est la liberté de la *consommation*, sans la liberté de la *production*. Voilà pourquoi, depuis le décret de 1864, il n'y a rien de changé.

A. — Il y a une liberté de plus...

B. — Sur le papier.

A. — Je ne vous comprends pas. Je connais bien la loi qui autorise tous les citoyens à fonder une exploitation théâtrale, et c'est là, sans doute, ce que vous appelez la liberté de la consommation...

B. — Oui.

A. — Mais je ne connais pas de loi qui interdise à un auteur quelconque d'écrire une pièce et de la faire recevoir, puis représenter sur un des théâtres construits ou à construire.

B. — Cette loi n'est inscrite dans aucun article du Code; elle est inscrite partout dans les faits.

A. — Ce qui n'est pas défendu par le Code est permis, et rien ne vous empêche de faire ce qui est permis.

B. — Personne ne m'a défendu non plus d'aller de Paris à Orléans à pied, et sans m'arrêter. — Suis-je libre de le faire?

A. (*hésitant*). — Libre... si vous le pouviez.

B. — Mais je ne le peux pas, et la liberté de l'impossible est pure chimère. — Supposez encore que j'ouvre sa cage à un oiseau qui aurait les ailes coupées; serait-il libre de s'envoler? — Eh! bien, la production dramatique jouit exactement de la même liberté. Quiconque tient une plume a le droit *théorique* de faire jouer son drame, sa comédie, ou son vaudeville; seulement, sauf vingt individus environ, personne ne peut, *en réalité*, user de ce droit.

A. — Voilà qui est bientôt dit; il faudrait le prouver.

B. — Rien de plus facile. Lisez-vous quelquefois les affiches de théâtre?

A. — Ma foi non. Je vais au spectacle, quand on me donne des billets, à condition que le temps ne soit ni trop chaud, ni trop froid, et que le théâtre ne soit pas trop éloigné de mon quartier.

B. — Vous avez tort. — Si vous les lisiez, vous auriez constaté qu'elles portent toujours les noms des mêmes auteurs, au nombre d'une vingtaine tout au plus; que ces noms s'y succèdent sans relâche d'un bout à l'autre de l'année, et souvent occupent cinq ou six affiches à la fois. Ainsi il n'est pas rare de voir un seul auteur, avec ou sans collaborateurs — (et ces collaborateurs eux-mêmes sont inamovibles), — donner le même soir deux drames, un à la *Porte Saint-Martin*, l'autre à la *Gaîté*, trois ou quatre vaudevilles aux *Variétés* et au *Palais-Royal*, une comédie au *Gymnase*, une féerie ou une pièce militaire au *Châtelet*, enfin un libretto d'opéra-comique à la salle Favart. De telle sorte qu'après avoir pleuré avec X... et Cie, c'est avec X... et Cie qu'on va rire, puis encore avec X... et Cie qu'on va applaudir les prouesses de nos héroïques soldats... n'importe où, et toujours avec X... et Cie qu'on admire le jeu de Madame Ugalde ou la voix de Madame Miolan-Carvalho. — Quelle conclusion tirez-vous de là?

A. — Que ce Monsieur est un gaillard très heureux, qui gagne énormément d'argent, et que je voudrais bien être à sa place.

B. — Pensez-vous que cet accaparement, qui supprime la concurrence, soit fort avantageux pour l'art dramatique?

A. — Que m'importe, pourvu que je m'amuse au spectacle!

B. — Et cela vous amuse beaucoup d'entendre éternellement les mêmes choses dites dans le même style?

A. — Mon Dieu! ça m'amuse sans m'amuser. Je vais au théâtre pour tuer le temps et parfaire ma digestion. Passer là cinq heures, ou les passer au cercle... Ne faut-il pas employer sa soirée en hiver, quand on est marié, et qu'il n'y a pas de bal? Au cercle, ça coûte plus cher. D'ailleurs, les pièces de X... et Cie sont si bien montées! Beaux décors, acteurs excellents, actrices charmantes et peu vêtues, cet écrivain ne vous refuse rien.

B. — C'est-à-dire que le directeur lui prodigue tout. Cependant cette répétition continue des mêmes noms ne vous paraît-elle pas singulière, lorsque les autres genres littéraires, romans, nouvelles, histoire, critique, contes, poésie, produisent chaque jour un si grand nombre d'œuvres signées de noms différents; lorsque, derrière la vitrine des éditeurs, vous voyez s'empiler les volumes; lorsque des journaux et des *Revues* se fondent de tous les côtés, et trouvent une foule toujours prête de collaborateurs nouveaux?

A. — Je n'y avais pas réfléchi. En effet, on ne cesse de signaler la quantité réellement prodigieuse de jeunes gens qui s'adonnent aux lettres. J'en connais, pour mon compte, plus de cinquante. Tout ça écrit, compose et se fait imprimer.

B. — Pourquoi donc n'y a-t-il rien de semblable au théâtre? Pourquoi les auteurs dramatiques se renouvellent-ils si rarement? L'art dramatique serait-il, en particulier, frappé d'une stérilité incurable? En France, à Paris, croyez-vous réellement qu'il n'y ait que vingt ou trente écrivains qui s'occupent de combiner des plans de pièces? — N'avez-vous pas entendu dire que tout jeune homme au collége écrivait sa tragédie, et rêvait le théâtre? — Comment n'en voit-on débuter qu'un ou deux tous les dix ans? — Pourquoi, en un mot, quelques-uns sont-ils joués toujours, et les autres presque jamais, ou jamais?

A. (*après avoir réfléchi*). — Parce qu'il n'y a pas assez de théâtres.

B. — Eh! bien, alors, voyons les faits. Il y a, dans Paris et sa banlieue, une trentaine de théâtres consacrés à la musique sérieuse ou bouffe, au drame, à la comédie, au mélodrame, aux vaudevilles, aux féeries et pièces militaires. De ces trente théâtres, six ou sept se contentent de reproduire les pièces jouées sur les autres scènes, et vingt-quatre environ jouent des pièces inédites, écrites pour eux. De ces vingt-quatre théâtres, si nous retranchons la *Comédie-Française* et les théâtres de musique, il en restera environ dix-huit pour le drame et le mélodrame, les féeries et le vaudeville sous toutes ses formes. Plusieurs de ces théâtres font déjà triple et quadruple emploi. Ainsi la *Porte Saint-Martin*, la *Gaîté*, l'*Ambigu-Comique*, représentent exactement le même genre de pièces. Il faut souvent y joindre le *Châtelet* et *Beaumarchais*. — Or, comme je viens de vous le dire, il y a *vingt* auteurs qui alimentent ces *dix-huit* théâtres, pendant les trois quarts de l'année. — Cela fait à peu près un auteur par théâtre; car je ne puis compter ceux qu'on joue une fois par hasard, ou qui se disputent quelques infimes petites salles. — J'ai donc le droit de conclure, à considérer seulement les faits actuels, que ce sont plutôt, jusqu'à présent, les auteurs qui manquent aux théâtres, que les théâtres qui manquent aux auteurs. Et, s'il en est ainsi, sur quoi se fonderait, je vous le demande, l'intérêt ou l'utilité d'un nouveau théâtre? — Que ferait-il, que ne fassent déjà ses dix-huit prédécesseurs? — Quel serait son caractère particulier, son attrait original? — A quel besoin, non satisfait, répondrait-il? — Les vingt auteurs joués tous les soirs sur toutes les scènes parisiennes se transformeraient-ils, parce qu'ils seraient joués *en plus*, dans une salle neuve, portant une dénomination quelconque?

A. — Certes non, et je vois bien que ces jeunes auteurs, ces écrivains inconnus — que vous appelez de tous vos vœux — ne paraissent jamais sur les théâtres actuels; mais il me semble évident que si le nombre des théâtres augmentait, le nombre des auteurs dramatiques joués augmenterait aussi dans une proportion analogue, et par la force même des choses.

B. — Je maintiens qu'il n'augmenterait pas sensiblement, d'une part, et, d'autre part, qu'un dix-neuvième directeur de théâtre en serait réduit à donner des pièces de tout point semblables à celles que donnent ses confrères depuis longues années, et portant la même marque de fabrique, — ce qui le ruinerait du coup, car un nouveau théâtre ne s'attirera le succès qu'en donnant du *nouveau*.

A. — Pourquoi n'en donnerait-il pas?

B. — Parce qu'un directeur, avec ou sans privilége, n'est pas *libre* de le tenter.

A. — Ainsi les nouveaux théâtres ne pourraient pas vivre sans nouveaux auteurs, et les nouveaux auteurs ne pourraient pas se faire jouer, ou faire jouer des œuvres originales, sur les nouveaux théâtres?

B. — Telle est la pure vérité.

A. — Mais c'est un cercle vicieux.

B. — Je le sais. Rappelez-vous ce que je vous disais tout à l'heure : La liberté est inutile et dangereuse, quand elle est incomplète. On a aboli le monopole des directeurs; reste le monopole des auteurs joués. Qu'on l'abolisse aussi, et alors, seulement alors, nous aurons la liberté des théâtres.

A. — D'ou vient ce monopole? Ce n'est pas du gouverment que les auteurs le tiennent?

B. — Nullement. Ils le tiennent de la force des choses, et de la coalition qu'ils ont formée entre eux.

A. — Débarrassez-moi bien vite de cette coalition. J'aime le privilége, quand l'Etat le crée, parce que l'Etat, voyez-vous, c'est... l'Etat. Aussi, je tenais au privilége des directeurs. Mais l'autre, je n'en veux pas.

B. — Il provient pourtant de causes nombreuses : les unes intrinsèques, les autres extrinsèques; celles-ci naturelles, celles-là artificielles.

Je pose d'abord cet axiome, que, sous tous les régimes, régime du privilége, ou régime de la liberté, il sera extrêmement difficile, — pour ne pas dire impossible, — à un inconnu, à un auteur n'ayant jamais été joué, de faire recevoir et représenter une pièce de lui.

En effet, quand un débutant littéraire offre une œuvre à un journal, à une *Revue*, on lit son manuscrit, et, si l'œuvre est réellement bonne, il y a beaucoup de probabilité pour qu'elle soit imprimée. — Rien de plus simple. Un journal, une *Revue* sont dirigés, sauf exception, par des gens de lettres, par des hommes qui ont un intérêt visible à servir au public des travaux variés et bien faits; par des hommes à coup sûr sensibles au mérite, et qui l'accueillent... quelquefois. Dans une *Revue*, dans un journal, certains articles sont la propriété exclusive d'un écrivain spécial, la *chronique théâtrale* et *musicale*, par exemple, ou le *compte rendu scientifique;* mais, à côté, il existe une foule de questions qui ne relèvent de personne en particulier. Les articles de genre, les romans, les nouvelles, la critique sous ses mille formes, appartiennent à tout le monde, et tout le monde peut espérer de s'y faire jour, avec un peu de patience et beaucoup de mérite..... je parle des inconnus! — D'ailleurs, un recueil littéraire ne publie un travail qu'une seule fois; ce travail n'y reste pas *cliché* pendant trois mois, et le besoin de renouveler incessamment les produits rend nécessaire un grand nombre de producteurs.

Je ne nie certes pas les difficultés, les obstacles que doit surmonter un jeune écrivain, à ses débuts; toutefois, la nature même des choses tend à élargir les barrières.

Au théâtre, quelle différence!

Il y a là sans doute des directeurs fort habiles et fort bien intentionnés, mais ces directeurs sont avant tout, nécessairement, des capitalistes préoccupés du désir d'éviter la faillite, et de faire valoir, le plus fructueusement possible, les fonds qu'eux ou leurs commanditaires ont aventurés dans la spéculation. — Je veux croire qu'ils aimeraient mieux donner du bon que du mauvais, de l'excellent que du médiocre. Néanmoins il y a pour eux une question de vie et de mort qui passe avant tout : il faut qu'ils jouent trois cent soixante-cinq fois par an, avec une salle pleine. Trois ou quatre faiseurs attachés à leur théâtre, connaissant parfaitement les mœurs et le degré d'intelligence du public d'un certain quartier, les *moyens* et les *tics* des acteurs chargés d'interpréter l'œuvre dramatique, atteindront ce but presque à coup sûr.

Aussi, présentez une pièce à un directeur ordinaire: si vous n'avez jamais été joué, il y a cinq à parier contre un qu'il ne la lira même pas. Ce qu'il demande, c'est une pièce à succès, qui se joue *cent fois* et plus, et il a ses fournisseurs attitrés, brévetés sans garantie du gouvernement. Trois drames pitoyables, ou deux féeries ineptes [1], occuperont l'affiche pendant un an, et rempliront la caisse.

Un directeur de *Revue* accueille un inconnu, et publie son article. Que risque-t-il? — Rien ou presque rien. — Il n'y a pas de mise de fonds. Si cet article, d'ailleurs, ennuie le lecteur, d'autres articles, dans le même numéro, l'ont intéressé. L'auteur s'est compromis seul.

[1] « Trois ou quatre douzaines de femmes, plus ou moins jolies, aussi déshabillées que possible; quelques calembredaines empruntées à ces canards qu'on vend aux stations d'omnibus, sous ce titre : « Un million de calembourgs pour un sou; » des situations où l'absurde s'accouple à l'indécent; une course ahurie à travers les changements de décors; des personnifications stupides qui font chanter, près du trou du souffleur, à une pauvre créature décolletée par en haut et par en bas : « Je suis l'Oseille, le Collodion ou l'Huile de pétrole; » des phrases tirées de l'argot des cabotins, des gandins et des cocottes; des danses qu'on tolérerait tout au plus à la Closerie des Lilas ou au Casino Cadet; des couplets auprès desquels « *Le Pied qui r'mue*, » et « *Ohé! mes p'tits Agneaux!* » sont des chefs-d'œuvre, le tout illuminé d'un effet de lumière électrique remplaçant l'apothéose aux feux de bengale, — décidément trop surannée : n'est-ce pas là, avec tous ses ingrédients, la recette de cette cuisine? Nous n'avons rien omis, ce nous semble? »

(THÉOPHILE GAUTIER, *Moniteur universel* du 16 janvier 1865.)

Au théâtre, un directeur a *perdu de l'argent*, ce qui change la thèse.

Un directeur de *Revue* ne peut se dispenser de tenter de semblables épreuves. Ses abonnés se lasseraient vite de lire toujours les deux ou trois mêmes écrivains. De la répétition incessante des mêmes noms résulterait une monotonie inévitable, et fâcheuse pour les intérêts matériels de l'entreprise littéraire. En effet, quel que soit le talent d'un auteur, il ne varie à l'infini ni son style, ni ses idées; il tourne dans un cercle plus ou moins large, mais dont il atteint toujours, au bout de quelques années ou de quelques œuvres, la limite infranchissable. En admettant qu'il modifie ses idées et qu'il perfectionne ses procédés, idées et procédés sortent toujours du même moule, marqués de l'empreinte indélébile de la même personnalité.

L'écrivain dramatique subit sans doute ces lois, mais on change ses interprètes, et les mêmes choses ou des choses semblables dites par Bocage ou par Laferrière, semblent toutes nouvelles. Puis les costumes et les décors remis à neuf, pour chaque œuvre, en occupant l'œil surpris, détournent l'attention du public de ce qui devrait être son objet principal. — J'ajoute qu'un article de *Revue* ou de journal réussit seulement par son mérite réel, ou par l'intérêt sérieux du sujet qu'il traite, tandis qu'avec un machiniste habile, des costumiers intelligents et de jolies actrices, un directeur soutiendra et fera réussir la dernière des platitudes.

En résumé, un directeur de théâtre est un industriel qui fait valoir des fonds. Sa caisse est son baromètre. Il lui faut une clientèle et l'écoulement fructueux de sa marchandise. — Son rêve n'est point d'attirer le public, en lui offrant des produits variés et nombreux, mais, au contraire, d'arriver à la fortune, comme certains droguistes-parfumeurs, par la vente unique d'un seul produit qui obtienne la vogue.

Il s'évite ainsi une foule de risques et d'ennuis.

S'il pouvait ne jouer qu'une seule pièce en un an, il serait le plus heureux des hommes. — Cela se comprend.

Chaque fois qu'il monte un ouvrage, il court la chance d'un insuccès ruineux. De plus il est obligé d'avancer les frais considérables d'une mise en scène fort coûteuse. — Décors, costumes, engagements d'acteurs, ouvrent une large saignée dans sa caisse. — Ces avances une fois faites, il a tout intérêt à ne pas les recommencer la semaine suivante, et il ne peut éviter cette nécessité qu'en éternisant sur son affiche la même pièce.

Il ne s'agit donc pas, pour lui, de donner une œuvre excellente; il s'agit de donner une œuvre grosse de 100 ou 200 représentations, fût-elle d'ailleurs la plus pitoyable du monde.

Afin d'atteindre ce but, il se livre à un calcul fort simple des probabilités. — Il s'adresse à un auteur en renom, — j'allais dire un fabricant, — connu sur la place, jouissant de toute la confiance du public. Il engage un ou deux acteurs aimés du parterre, deux ou trois actrices agréables aux fauteuils d'orchestre. Il fait venir son machiniste et le costumier, s'entend avec eux sur un truc irrésistible et une nouvelle coupe de jupe et de corsage.....

A. — Coupe est le mot, car, moins il y en a, mieux ça vaut!

B. — Ensuite il abouche l'auteur avec les deux acteurs, les trois actrices, le machiniste et le costumier, et leur ouvre un crédit de 100,000 fr. — La partie est sûre! — Vous le voyez, son intérêt naturel, logique, le pousse fatalement dans cette voie. Ce n'est de sa part ni malveillance invétérée contre les jeunes auteurs et les hommes de génie encore inconnus, ni parti pris d'abaisser l'art dramatique. Seulement, quand il joue « une *grande machine*, » de X... et Cie., il *place* son argent à tant °/₀, avec pleine certitude que la raison sociale X... et Cie ne fera pas faillite, tandis que s'il joue un nouveau venu, ce nouveau venu eût-il écrit une œuvre admirable, il *prête* son argent, sans savoir si cet argent lui sera jamais rendu.

A. — Si les choses sont telles que vous les présentez, on pourrait dire à ce directeur : « Vous montez la pièce de X... et Cie, et, comme elle n'a aucun mérite littéraire; comme elle ne peint ni un caractère, ni une passion; comme elle est — prise en elle-même — fausse, invraisemblable, ennuyeuse et insupportable de tous points, vous êtes obligé de la soutenir par un corps de ballet, un *vaisseau*, ou vingt autres trucs qui vous font débourser une centaine de mille francs. — Changez de méthode. Ne payez plus le nom; choisissez l'œuvre qui sera bonne et assez robuste pour marcher sans béquilles, — fût-elle même d'un inconnu! — Vous pourrez alors faire l'économie de tous ces frais. Vous ne gagnerez peut-être pas 100,000 fr., mais, aussi, vous ne les aurez pas aventurés d'avance. Si vous mettez de côté 40,000 fr., après en avoir risqué 10,000, votre bénéfice ne sera-t-il pas, en réalité, plus considérable? »

B. — Savez-vous ce que répondrait un directeur à ce discours?

A. — Non.

B. — Je le crois bien. — Il ne répondrait rien : il vous tournerait le dos, en haussant les épaules. L'argent ne croit pas à ces choses-là, il ne croit qu'aux gens arrivés! — Ainsi donc ici la nature des choses tend à resserrer les barrières, de même qu'elle tend à les élargir dans le monde de la production littéraire non dramatique.

A. — Cependant la raison sociale X... et Cie n'est pas éternelle. Ceux qui la composent vieillisent à la longue, se retirent leur fortune faite, ou meurent. Ce sont donc de nouveaux venus qui les remplacent.

B. — Quelle erreur est la vôtre! — *Il n'y a jamais de nouveaux venus au théâtre :* je vous l'expliquerai plus loin. Si vous voyez tout à coup paraître un nom inconnu *seul* sur l'affiche d'une salle de spectacle, cela tient à des circonstances spéciales et complétement en dehors de toute considération littéraire. — On joue celui-ci, parce qu'il occupe une haute fonction dans un ministère; on joue celui-là parce qu'il est le secrétaire de quelque personnage important; on joue cet autre parce qu'il est l'ami du Monsieur dont la munificence évite au directeur la pénible nécessité de payer les appointements et les parures à recettes de Mademoiselle ***, jeune première, ingénue, ou grande coquette; on joue ce quatrième parce qu'il est le fils d'un auteur dramatique, joué lui-même, il y a vingt ans, et que, par égard pour son père, on veut bien permettre au jeune homme d'entreprendre à son compte quelques petites affaires; puis il y a le hasard [1], l'imprévu, les chances heureuses, l'exception enfin qui confirme la règle.

Mais, en dehors de ces faits peu nombreux, il n'y a point d'exemple qu'on joue un inconnu sans recommandation *extra-littéraire*, après avoir lu sa pièce, et par la simple raison qu'elle est meilleure que les trois quarts de celles qu'on sert tous les soirs au public.

A ces causes d'exclusion, causes naturelles, perpétuellement agissantes, il s'en ajoute d'autres plus artificielles, qui existent et pourraient ne pas exister.

Parmi ces dernières, je ne citerai que l'*association* ACTUELLE *des auteurs dramatiques* [2]. M. Francisque Sarcey, dans l'*Opinion nationale*, lui a consacré trois feuilletons du plus haut intérêt, d'une logique pressée, d'une vigueur et d'une netteté remarquables. — Vous avez lu ces feuilletons; la question y est traitée de main de maître par un critique compétent, qui étudie depuis longtemps les choses du théâtre, qui les connaît à fond, et qui en parle avec une autorité incontestable.

A. — Peuh! Je ne suis pas fou de ce M. Sarcey. — C'est un brouillon qui met le feu aux poudres. — Si tous ceux qui tiennent une plume apportaient la même ardeur que lui à traiter les questions de leur compétence, et à vouloir réformer nos habitudes, sous prétexte de justice, de liberté, et d'un tas de choses dont il faut parler... au coin du feu, il n'y aurait plus moyen de vivre tranquille.

B. — Je me contenterai donc de vous rappeler que M. Sarcey a démontré, et cela sans réplique, je le crois, — car si beaucoup de gens ont crié, personne ne l'a réfuté d'une façon sérieuse, — que l'*association des auteurs dramatiques* rendait encore plus impossibles les débuts d'auteurs au théâtre. — En effet, cette association n'a détruit certains abus qu'en en créant d'autres non moins fâcheux peut-être. Elle repose sur le principe de l'*égalité absolue* des salaires, principe séduisant au premier abord, et nuisible, dans la réalité, aux intérêts des faibles, qu'il semble appelé à protéger. De plus, elle a imposé aux directeurs un *minimum* pour les droits d'auteurs.

Ah! si elle avait imposé un *maximum*, comme le dit M. Sarcey avec autant d'esprit que de raison, le mot seul eût effrayé, et les économistes se seraient empressés de rappeler l'*association* au respect des saines vérités

[1] M. Sardou, par exemple, dont on ne connaîtrait pas même le nom, si un théâtre ne s'était fondé sous la direction de Mademoiselle Déjazet, ainsi que nous le disait hier encore M. Sarcey.

[2] En parlant de la *Société des Auteurs et Compositeurs dramatiques*, j'entends discuter seulement un principe économique qui me paraît faux. Je ne suspecte nullement les bonnes intentions de ses membres, et je ne nie en aucune façon les services réels qu'elle a rendus, qu'elle rend tous les jours à ceux qui sont joués au théâtre. Toutefois, je crois qu'elle pourrait rendre de plus grands services encore, si elle consentait à se réformer dans le sens que j'indiquerai tout à l'heure. — Elle a détruit de graves abus, mais elle en a créé d'autres que ses fondateurs ne prévoyaient sans doute pas. Aujourd'hui l'expérience est faite. — Il s'agit donc de conserver ce qu'elle a de bon, et de corriger ce qu'elle a de mauvais.

de l'économie politique; mais il s'agissait d'un *minimum*, et tout le monde d'applaudir !

En vertu de ce *minimum*, tout auteur joué sur un théâtre quelconque, — que cet auteur s'appelle Emile Augier, ou « Tartempion, » qu'il soit un homme de talent éprouvé, ou un inconnu de talent problématique, et qu'il fasse recette ou non, — perçoit un droit fixe de tant °/₀ sur la recette brute [1].

Qu'est-il résulté de là? C'est qu'un directeur payant *le même prix* à Emile Augier et à « Tartempion, » serait un insensé, si, pour son argent, il ne s'adressait pas de préférence à Emile Augier.

« Quand on violente la nature des choses, s'écrie M. Sarcey, elle se tourne bientôt contre vous. Les écrivains dramatiques pouvaient bien imposer aux directeurs la nécessité de payer toutes leurs œuvres le même prix, mais ils ne pouvaient les empêcher de désirer plus vivement, de chercher avec plus de soin celles qui, *leur coûtant une somme égale*, leur semblaient devoir être de meilleure qualité.

« Il est trop clair que si tous les tailleurs s'entendent pour qu'aucun d'eux ne puisse donner un habit à moins de 150 francs, nous nous adresserons tous ensemble, comme un seul homme, à Alfred. *Je vois bien ce qu'y gagnera Alfred; mais tous les autres tailleurs dont le règlement aura prétendu protéger les intérêts seront ruinés du coup. Il est très vrai qu'on sera obligé de leur payer* 150 *francs pour un habit qu'ils ne vendaient que* 110 *autrefois; mais ils fabriquaient des milliers d'habits à* 110 *francs, et* ON NE LEUR EN DEMANDERA PAS UN SEUL POUR 150. Où est l'avantage pour eux?

« C'est l'histoire de l'association des auteurs dramatiques. Les conséquences naturelles du faux principe qu'ils avaient posé, en haine du privilége, se développèrent lentement, mais invinciblement. *Il n'y eut bientôt plus un directeur qui fût assez fou pour essayer un jeune homme :* à quoi bon? On hasardait bien plus sans compensation aucune. »

On ne saurait dire mieux, et ceci me paraît le langage même de la raison et de la vérité.

[1] Telle est la théorie, du moins; mais, dans la pratique, les choses se passent différemment. En effet, un jeune homme presque toujours ne parvient à se faire jour qu'en subissant la collaboration d'un faiseur en renom. La réputation de ce dernier sert de passe-port au talent de l'inconnu, et offre une garantie au directeur. Or, le faiseur, en sa qualité de collaborateur, prélève sa part, et, en qualité de collaborateur *arrivé*, il prélève la part du lion. Il perçoit donc la moitié, les deux tiers, les trois quarts, les quatre cinquièmes des droits d'auteur, et, en réalité, l'auteur nouveau, *malgré le minimum*, ne touche plus que la moitié, le tiers, le quart ou le cinquième de ce qu'il aurait touché, s'il avait été connu, s'il avait pu se faire jouer SEUL.

Voici un fait d'un autre genre qui prouve également, ainsi que le dit M. Sarcey, qu'on ne violente pas impunément la nature des choses. Un directeur avait consenti à jouer le premier vaudeville de Z***. Le voilà riche, pensez-vous, puisque en vertu du *minimum* il touchera tant pour cent. Pas le moins du monde. Le directeur lui dit : « — Je joue votre vaudeville, quand il me serait facile de jouer ceux de tels et tels pour le même prix. Je ne puis vous empêcher de percevoir le même droit qu'eux. Seulement, vous m'en remettrez la moitié de *la main à la main*, ou je ne vous joue pas! » Z*** consentit, et il eut raison.

Ailleurs, dans certains théâtres que je ne nommerai pas, le directeur, d'accord avec les jeunes auteurs, trop heureux d'être joués à tout prix, se sert d'un « *homme de paille,* » qui remplit le rôle de créancier, touche, à ce titre, une partie des droits d'auteur, et les remet au directeur.

De tout ceci, il ressort que non-seulement le *minimum* barre la route aux débutants, mais que les débutants, alors même qu'on les joue, ne bénéficient presque jamais, dès l'abord, de ce *minimum* soi-disant créé en leur faveur.

L'association des auteurs dramatiques *joués* a donc, de ce côté, aggravé le mal, et élevé une barrière de plus sur la route des jeunes gens et des inconnus. Il en sera toujours ainsi, quand les petits chargeront les grands de faire la loi.

La dernière ressource qui restât à un débutant, celle d'offrir ses produits à bas prix, et de décider l'acheteur par le bon marché, lui fut enlevée. On supprima la concurrence, et la concurrence est le seul recours des faibles.

Sans doute, sous le régime inauguré par l'association des auteurs dramatiques, vous ferez fortune, si on vous joue, mais... on ne vous jouera pas.

Il n'y a qu'une chose qui soit juste, au théâtre comme ailleurs : la libre concurrence, l'équilibre naturel entre l'offre et la demande, car le caractère de la vérité est d'être vraie partout et en tout. Que l'auteur dramatique puisse donner son œuvre au rabais, de même que le commerçant qui ouvre boutique vend d'abord à perte pour se créer une clientèle. Il haussera ses prix, quand il aura fondé sa réputation sur la place. Cependant, je ne partage pas, à ce sujet, toutes les opinions de M. Sarcey, qui semble établir, en principe, qu'on ne doit pas payer les débutants littéraires. Pourquoi remplacer une injustice par une autre injustice? Changer d'abus, est-ce donc réformer?

A. — C'est la solution commode d'un homme qui n'a plus à craindre qu'on lui prenne sa *copie* pour rien.

B. — J'admets le prix débattu, lui seul est logique; mais je maintiens aussi que tout travail mérite salaire et doit nourrir son auteur. — Payez moins cher l'inconnu que l'homme de talent constaté, soit; mais payez-le. Du moment où vous acceptez son travail, c'est que vous en attendez un bénéfice; sans cela, vous ne le prendriez pas. Si vous en attendez un bénéfice, c'est qu'il a une valeur, et cette valeur ne doit pas tourner au profit exclusif de l'exploiteur.

Je sais que cela se pratique ainsi dans quelques *Recueils* littéraires. Il en est un, subventionné, où le rédacteur en chef, non content de toucher ses gages opulents, prélève encore et s'attribue, en outre, le prix du *premier* article publié sous son patronage...

A. — C'est ce qu'on appelle, dans le monde... non subventionné, *faire danser l'anse du panier*. Quand ma cuisinière me joue de ces tours-là, je la mets à la porte.

B. — De deux choses l'une, pourtant : ou l'article est bon, et doit être payé, ou il est mauvais, et vous avez tort de l'imprimer. — Au théâtre de même. Je comprends qu'un directeur, lorsqu'il accepte une pièce d'un nouveau venu, ne s'engage pas à lui donner le prix qu'il donnerait à Emile Augier, par exemple. Mais, si l'œuvre est applaudie, si elle « fait recette, » l'écrivain a un droit incontestable sur *le bénéfice*.

A. — Je vous avoue que je ne m'explique pas, en y réfléchissant, comment les directeurs ont pu accepter de semblables conditions, et se lier les mains de la sorte.

B. — C'est qu'ils étaient coupables, et qu'après avoir trop longtemps exploité les auteurs, ils n'avaient pas le droit de se plaindre, quand les auteurs se réunissaient pour résister à la spoliation de leurs droits les plus légitimes.

A. — Cependant, si je fondais un théâtre, je voudrais, comme cela se passe dans toutes les industries, avoir la liberté pleine et entière de mes actions. Je voudrais payer la matière première suivant son abondance ou sa rareté, suivant son lieu de provenance et sa marque de fabrique. — Du moins, ai-je la permission, en m'adressant à quelque jeune auteur peu ou point connu, de m'entendre avec lui sur le prix de son œuvre, dans le cas où il consentirait à renoncer au *minimum* auquel il a droit?

B. — Sans doute, si aucun traité ne vous lie à l'association, et si le jeune auteur n'en fait pas partie lui-même. Mais alors les foudres de l'*interdit* viendront frapper aussitôt le directeur, et le pauvre homme, se croyant ruiné, se voyant voué, malgré lui, aux inconnus *quand même,* ne recommencera plus une expérience aussi dangereuse. Soumis, repentant, il fera son *meâ culpâ*, et demandera grâce[1].

A. — Je ne vois que trop, maintenant, pourquoi on joue toujours X... et Cie, ou quelqu'un de ses dix-neuf compères. Une pareille dictature, ruineuse pour les directeurs, écrasante pour tous ceux dont la réputation ne vaut pas exactement le tant °/₀ décrété par l'association, a dû soulever déjà des réclamations et des protestations.

B. — A coup sûr, et la *Gazette des Tribunaux* est pleine des procès qui sont nés de cet état de choses contraire à l'équité, contraire aux lois les plus élémentaires de la science économique. Ainsi, dès 1838, un jugement du tribunal de commerce déclarait que « l'*Association des auteurs ne pouvait trouver protection devant les magistrats*, PARCE QU'ELLE ÉTAIT ESSENTIELLEMENT CONTRAIRE A LA LIBERTÉ DE L'INDUSTRIE, en même temps qu'elle était incompatible avec l'indépendance et la dignité des lettres. »

A. — Voilà qui était bien jugé.

B. — Très bien, sans doute; mais cette leçon ne fut pas comprise. A cette époque, on cherchait encore dans la PROTECTION, c'est-à-dire dans le *monopole* et le *privilége,* ce que l'on commence aujourd'hui à ne demander qu'à la LIBERTÉ. On entrevoyait les vrais principes, sans oser en étendre l'application à tous les faits, à tous les cas. On disait bien : — L'industrie est libre, la concurrence seule établira une juste balance entre des forces qui se nuisent et se combattent au lieu de se confondre, parce que mille règlements les isolent, sous prétexte de les sauvegarder; — on disait bien encore : — Cet isolement profite à quelques-uns, — non pas toujours les plus méritants, — et réduit à l'impuissance tous les autres; — mais la masse du public

[1] « Art. 18. Il est interdit aux Sociétaires de faire représenter aucun ouvrage ancien ou nouveau sur un théâtre qui n'aurait pas de traité général avec la Société des auteurs. — Il est, en outre, interdit à tous membres de la Société de faire avec les administrations théâtrales des traités particuliers à des conditions pécuniaires au-dessous de celles établies aux traités généraux, etc., etc. »

(Acte de Société des Auteurs et Compositeurs dramatiques, passé devant Me Thomas et son collègue, notaires à Paris, en date au commencement du 18 novembre 1837.)

croyait à l'efficacité de ces moyens arbitraires légués à notre âge par les siècles de barbarie.

D'ailleurs le monopole des directeurs à privilége justifiait la coalition des auteurs. Ne fallait-il pas, sous ce régime, être exploiteur ou exploité? Les écrivains avaient raison de se réunir pour résister; seulement ils ont eu tort de fonder leur association sur un principe faux, dont le premier résultat devait être de rendre plus lourdes et plus solides que jamais les entraves dont la nature même des choses avait entouré la production dramatique. Ces entraves ont pesé souvent même aux membres de l'association, à ces cinq ou six cents auteurs, qui en font partie, qui en subissent toutes les obligations, et qui ont le droit théorique de jouir de tous ses avantages. Qu'un de ceux-là, par exemple, parvienne à se faire jouer sur un théâtre inférieur, pendant que « ses aînés » occupent les grandes scènes, et que le directeur de ce petit théâtre, lésé dans ses intérêts légitimes par les exigences toujours croissantes des gros bonnets de l'association, refuse de renouveler son traité avec la Société : qu'arrivera-t-il? — C'est que vous, jeune auteur, heureux de conquérir un nom sur cette scène secondaire, dédaignée par X... et Cie, vous devrez retirer votre pièce des mains du directeur qui la jouait. Alors, le directeur, contraint de fermer son théâtre ou de se soumettre, acceptera de nouveau les conditions imposées par la Société. Mais, une fois sa signature donnée, il n'aura plus qu'une idée fixe : obtenir une pièce de X... et Cie, qui, ne lui coûtant pas plus cher que la vôtre, attirera probablement un public plus nombreux, quoiqu'elle soit peut-être moins intéressante et moins digne de succès.

A. — Je donnerais ma démission, en pareil cas.

B. — Cela aggraverait votre position, sans vous affranchir, ainsi que je vous l'ai expliqué tout à l'heure.

Le fait s'est présenté, tel que je vous le raconte. Vous le trouverez dans la *Gazette des Tribunaux* du 9 mai 1861. Il s'agit d'un procès de la *Commission des auteurs dramatiques* contre MM. Armand Lapointe et Gourdon de Genouillac, au sujet du théâtre *Beaumarchais*. Me Frédéric Thomas, avocat de M. Lapointe, commençait sa plaidoirie, en ces termes :

« Dans la Société des auteurs dramatiques, comme dans toutes les familles, il y a des *aînés* et des *cadets;* ceux à qui l'association est profitable, *ceux à qui elle est onéreuse.* La constitution de la Société repose sur cette FICTION *que tous les auteurs ont un talent égal et que leurs œuvres se valent;* de là cette conséquence que tous les auteurs doivent toucher des *droits égaux.* CETTE ÉGALITÉ N'EXISTE PAS POUR MM. LES DIRECTEURS : ils préfèrent s'adresser à Racine plutôt qu'à Pradon ou à Cyrano de Bergerac; QUI OSERAIT LES EN BLAMER? *Aussi les théâtres ne sont-ils accessibles qu'aux noms éprouvés*, qui, SEULS, trouvent dans leur autorité le « Sésame, ouvre-toi, » de ces portes rebelles. Les directeurs ne sont pour les autres que des satrapes inviolables, qui, sans daigner se montrer, laissent les auteurs se morfondre dans leur antichambre, et leurs manuscrits se moisir dans les cartons. Sans compter que la commission, très tolérante pour les gros bonnets de l'ordre, est moins fraternelle pour les petits auteurs [1]. »

A. — Le fait est qu'une pareille situation n'est pas tenable, ni pour les neuf dixièmes des auteurs, ni pour les directeurs. Je n'y avais, ma foi, jamais songé.

B. — Il y a une troisième victime, et la plus malade des trois.

A. — Vraiment, et laquelle?

B. — L'ART DRAMATIQUE! Où manque la concurrence, la routine s'installe et le niveau de la production s'abaisse. — Or X... et Cie, étant joué seul ou presque seul sur les dix-huit ou vingt théâtres de Paris et sur tous les autres théâtres de France, il n'a pas à craindre que de nouveaux venus inventent de nouveaux procédés ou perfectionnent les siens. — Bien assuré qu'on ne s'adressera pas à d'autres fournisseurs, et que, par conséquent, on acceptera quand même la marchandise sortie de ses ateliers, désireux d'ailleurs de gagner le plus d'argent possible, et, pour atteindre ce but, se condamnant à produire, produire, produire toujours, il peut livrer sans danger, de la *camelotte*, une sorte de *confection* dramatique, aussi dépourvue d'élégance que de solidité.

A. — Mais si on se plaignait?

B. — Qui se plaindrait? Quelques gens de goût, quelques brouillons, comme vous les appelez vous-même. M. Sarcey, par exemple. Mais quel écho a-t-il trouvé, même parmi ses confrères du *lundi?* Signaler le mal, le combattre, serait pourtant leur devoir. On les entendrait, car ils ont une tribune, et la plupart, n'écrivant pas pour le théâtre, sont désintéressés dans la question. — Quant à la masse du public, n'ayant guère l'occasion de comparer entre X... et Cie et des concurrents qui ne paraissent jamais, elle perd le sens critique, s'accoutume au médiocre et au frelaté, et applaudit les pièces... que vous savez. C'est par la même raison que les Parisiens prennent pour du vin l'abominable poison dont ils s'abreuvent chaque jour à leur repas. — Comment le jugeraient-ils? ils n'en boivent jamais d'autre! — Il y a plus, X... et Cie, livré à lui-même, tend nécessairement à chercher des procédés expéditifs, et qui lui demandent le moins de frais possible d'imagination.

A. — Vous oubliez la vanité. Ne le pousse-t-elle pas à faire de son mieux?

B. — La vanité? On est toujours content de son œuvre, surtout quand on est un homme médiocre, un faiseur habile, privé de cet idéal supérieur où les gens d'un talent sérieux puisent la force et la volonté de s'élever sans cesse vers la perfection. Du reste la vanité elle-même a besoin d'un ai-

[1] N'est-il pas défendu aux auteurs de toucher des *primes?* Et *** ne touche-t-il pas une prime pour chaque nouvelle pièce qu'il livre à un directeur? — La Société répondra qu'elle ne peut empêcher les *traités secrets*, et qu'il serait injuste de l'en rendre responsable. — Pourquoi donc alors interdire ce qu'on ne peut empêcher, et vouloir *réglementer* ce qui doit être libre? — Laissez chaque auteur traiter, comme il l'entend, avec chaque directeur. Supprimez la réglementation, et, du même coup, vous supprimerez les *traités secrets* et les *tripotages*.

guillon, et cet aiguillon ne se trouve que dans l'émulation, c'est-à-dire dans la concurrence. — Enfin X... et Cie vieillit et se blase. — Il finit par travailler sans goût et sans ardeur, par habitude, par besoin d'argent, parce que les émotions du théâtre lui sont devenues une nécessité, et que ces émotions-là, — comme celles du jeu, — on ne peut plus s'en passer, une fois qu'on les a connues.

A. — Vous chargez bien un peu le tableau, mais il y a beaucoup de vrai dans ce que vous dites. Cependant j'ai une objection sans réplique à vous opposer.

B. — Je vous écoute.

A. — Je ne crois pas que la concurrence modifierait les procédés dramatiques, ou rehausserait le niveau de l'art, et voici pourquoi : c'est que, bon gré mal gré, soit dans les petits théâtres, soit dans les grands théâtres, il apparaît quelquefois un nom nouveau, un nom de jeune homme, en tout cas de débutant, et que ce jeune homme, ce débutant, nous donne exactement des œuvres semblables aux œuvres de X... et Cie, calquées sur les mêmes procédés, reproduisant la même routine.

B. — Rien de plus positif. Qu'en concluez-vous?

A. — Que ces procédés sont les procédés mêmes de l'art dramatique, que cette routine est une loi nécessaire de son existence. En un mot, je crois qu'il n'y a qu'une manière de faire des pièces jouables, et que tout le monde est contraint de l'adopter. Par conséquent, je n'ai nul motif de remplacer X... et Cie, que je connais et qui m'amuse tant bien que mal, par Z... et Cie, que je ne connais pas et qui ne m'amuserait pas davantage en faisant juste la même chose que tous ses prédécesseurs.

B. — Les nouveaux auteurs n'écrivent pas de nouvelles pièces, et n'inventent pas de nouveaux procédés, *parce qu'il n'y a jamais de nouveaux auteurs au théâtre.*

A. — Vous moquez-vous de moi? Nierez-vous que, depuis deux ou trois ans, *** et *** ne soient arrivés à se faire jouer? Quand un jeune homme donne sa première pièce, n'est-il pas un auteur nouveau et jeune, jeune et nouveau, tout ce qu'il y a de plus jeune et de plus nouveau?

B. — Pas du tout. Un auteur de vingt ans, qui donne sa première pièce, est aussi vieux, lui et sa pièce, que X... et Cie à sa dernière pièce.

A. — Quel paradoxe!

B. — Savez-vous comment on débute au théâtre? Non. — C'est presque toujours par la collaboration. — Vous écrivez une pièce, et vous tâchez d'obtenir que X... et Cie veuille bien y mettre son nom. X... et Cie y consent quelquefois, car il est souvent à court d'idées et de sujets. Il s'empare de votre manuscrit, le met sur son établi, prend un de ses *patrons* à succès, et retaille votre œuvre sur la coupe adoptée; puis il la signe, la fait représenter et touche les 3/4, ou la totalité des droits d'auteur. Quand vous avez subi cette épreuve plusieurs fois, on commence à vous connaître. Alors vous vous adjoignez un autre collaborateur, moins en renom, mais également rompu à la routine, également expert aux procédés brevetés pour 100 à 200 représentations : vous travaillez avec lui, et il achève, au nom de son expérience supérieure, de vous inoculer la dite routine et les procédés en faveur. — A présent, vous pouvez marcher tout seul; vous n'avez plus ni âge, ni originalité : vous avez l'âge du procédé X... et Cie, et vos œuvres portent sa marque de fabrique. — Vous êtes vieux, vous êtes usé, vous êtes fini. — Travaillez sans collaborateur, si cela vous convient, pendant trente ans, et gagnez de l'argent, beaucoup d'argent, il n'y aura rien de changé au théâtre. — L'atelier X... et Cie s'est augmenté d'un ouvrier de plus, voilà tout!

A. — Bast ! Tout le monde ne passe pas sous ces fourches Caudines.

B. — Si vous vous y refusez, vous devrez assiéger les directeurs pendant dix ou quinze ans, essuyer leurs rebuffades, leurs mépris, et... leurs conseils ! —Vous leur présenterez une pièce? ils vous diront : — « Elle n'est pas jouable! Vous n'entendez rien aux nécessités scéniques. Etudiez X... et Cie. En voilà un qui s'y connaît ! Je monte une « grande machine » qu'il vient de terminer. Venez la voir. — Comme c'est fait! comme c'est habile ! Il n'y a que lui qui sache construire un drame ! » — Alors, découragé, harassé, ou vous renoncez au théâtre, ou vous achetez les œuvres de X... et Cie, — 60 et quelques volumes ! — Vous les lisez, vous les relisez, vous les analysez, vous les disséquez, jusqu'à ce que vous vous soyez assimilé ses procédés et sa routine. Quand vous en êtes là, quand vous n'avez plus ni une idée à vous, ni même votre style à vous; quand il est impossible de distinguer votre pièce d'une quelconque des trois cents pièces de X... et Cie, vous parvenez quelquefois à vous faire jouer..., si un ministre vous protége, ou si vous êtes l'amant d'une actrice influente auprès d'un directeur. — Je vous le disais, tout à l'heure : sous le régime actuel, il n'y aura jamais de *nouveaux* auteurs au théâtre. — Aussi les gens de talent, les esprits originaux qui ne veulent pas abdiquer, renoncent à la lutte. Il reste les faiseurs, et l'art dramatique, avili, agonise au milieu des *pièces à femmes*.

A. — Tout cela est bel et bien, mais les directeurs ont peut-être raison, quand ils exigent certaines conditions uniformes pour toutes les œuvres qu'ils représentent. Si le public ne veut pas autre chose, il faut le lui servir.

B. — Le public n'exige rien, il accepte ce qu'on lui offre. — Ce sont les directeurs et les faiseurs qui ont inventé ces lois artificielles, ces nécessités qui n'ont rien de nécessaire. — Gagnant de l'argent avec X... et Cie, les directeurs ont pensé qu'il fallait ressembler à X... et Cie pour faire recette. Ils ne vont pas au delà. — Ceci rapporte, donc je m'en tiens à ceci. — Autre chose rapporterait davantage, mais il faudrait le tenter, et les risques de l'imprévu les effraient. — Je vous ai expliqué déjà qu'un directeur était, avant tout, un capitaliste peu désireux d'aller à Clichy expier sa philanthropie ou son amour désintéressé de l'art. — Je vous ai énuméré toutes les difficultés naturelles, ou enfantées par *la Société des auteurs*, qui l'entourent et mettent un frein à ses meilleures intentions... s'il en a jamais eu. — D'autre part, son métier oblitère nécessairement chez lui le sens des beautés élevées et sérieuses. — Il vit dans les coulisses, assiste et surveille tous les infimes détails de la fabrication, et finit par les grossir, par leur attacher une importance disproportionnée. — Il ne LIT pas une pièce, il la MONTE. A ses yeux, la pièce réside tout entière dans un truc, un décor, un acteur, un air nouveau, un ballet, mille ficelles, mille riens, auxquels il pense nuit et jour, qui envahissent son cerveau et bouchent son entendement. — Il croit à certains effets, soigneusement notés, marqués en recette sur ses livres. La salle est-elle pleine? Il avait raison. — Voulez-vous discuter avec lui? Il vous renvoie à son caissier. — Supposez qu'il y ait vingt restaurants dans Paris, que ces vingt restaurants soient servis par un seul cuisinier, que ce cuisinier ne sache préparer que des navets, — à toutes les sauces par exemple...!

A. — Je supposerai tout ce qu'il vous plaira.

B. — Eh bien! les vingt restaurateurs, vous montrant leurs tables entourées de consommateurs, vous diraient: — Voyez comme tous ces gens-là aiment les navets! Ils en mangent sans se lasser, et je fais fortune.

A. — Je répondrais à ces gargotiers : — Servez du rosbif à vos habitués, et vous verrez s'ils se plaignent!

B. — Oui, mais si ces restaurateurs étaient très sincèrement convaincus des propriétés supérieures du navet, et s'il leur était à peu près impossible de changer de cuisinier sans se ruiner, ils ne vous écouteraient pas. — Et cependant, les directeurs plus coupables ont vu l'alimentation contraire réussir sous leurs yeux. Emile Augier, dans ses dernières comédies, Madame George Sand, sont sortis de l'ornière au théâtre, et ont obtenu, obtiennent, à l'heure où je parle, d'immenses succès avec des œuvres qui ne remplissent pas la plupart des conditions qu'on suppose absolues chez Messieurs les directeurs. — Ni *Maître Guérin*, ni le *Marquis de Villemer*, ne sont des pièces bien faites, d'après les règles suivies par X... et Cie. — L'intrigue y est faible ou décousue, l'action marche lentement ou tourne sur place, tous les moyens connus d'effet y sont négligés. — Ce sont, en un mot, des pièces littéraires. Elles charment le public et font la gloire de leurs auteurs, parce qu'elles brillent de ces qualités de style, d'observation et de vérité, qui soulèvent les dédains habituels du caissier, et excitent un sourire de pitié chez neuf directeurs sur dix. Ces pièces, évidemment, auraient fait mettre un inconnu à la porte de tous les théâtres, s'il avait eu assez de génie pour les écrire, et assez de naïveté, lui, chétif, pour les présenter.

A. — Alors, je ne vois pas de remède, et, ma foi, j'en suis presque content. Je suis pour ce qui est, parce que cela est. Que le gouvernement encourage les arts, je l'approuverai : j'approuve toujours le gouvernement. Quant à moi, je n'irai pas me casser la tête contre des abus auxquels je ne peux rien.

B. — Le remède existe; il est simple, efficace, infaillible.

A. — Je suis curieux de le connaître, — non pas que j'y croie !...

B. — Prêtez moi donc toute votre attention. — Je me résume d'abord. J'ai établi que l'exploitation dramatique actuelle avait reposé, jusqu'au mois de juillet dernier, sur deux monopoles : celui des directeurs et celui des auteurs joués. — Le premier a été aboli, reste le second. — Je vous ai démontré que ce monopole avait eu pour résultat inévitable de rendre complétement illusoire la liberté des théâtres, laquelle n'a ni produit la création d'un théâtre nouveau de quelque importance, ni fait connaître un seul auteur, ni modifié en quoi que ce soit le genre et le caractère des œuvres représentées, qui ont continué de sortir des mêmes ateliers avec la même marque de fabrique. — Cette liberté a plutôt ralenti qu'augmenté la production dramatique [1], parce qu'ouvrant des débouchés illimités à une production limitée, elle a inquiété et menacé les intérêts existants sans permettre à de nouveaux intérêts de prendre leur place au soleil. — Je vous ai prouvé que le monopole des auteurs joués tenait à des causes nombreuses, les unes naturelles et les autres artificielles ; qu'il tenait d'une part au caractère spécial des entreprises théâtrales qui sont de véritables spéculations commerciales, toujours menacées de la faillite et désireuses de s'enrichir *per fas et nefas ;* d'autre part à la *coalition* des auteurs dramatiques joués, coalition contraire au principe de la liberté, contraire à ce principe de la science économique qui veut que le prix de tout marché résulte exclusivement de l'offre et de la demande. — Je vous ai encore prouvé que de cet état de choses naissait, — pour les jeunes auteurs et les inconnus, l'impossibilité de se faire jouer, — pour l'art dramatique la suppression de la concurrence et par conséquent de l'émulation qui seule élève le niveau des produits intellectuels ou matériels, — enfin pour les directeurs une très réelle et très pénible sujétion.

A. — Tout cela est hors de doute. Mais le remède, le remède ? —

B. — Un peu de patience. — Le diagnostic est la moitié de la science du médecin. Quand nous connaîtrons le mal et son siége exact, nous songerons à le guérir, et nous le guérirons. — *Le but est donc d'affranchir les jeunes auteurs et les directeurs du monopole exercé par une vingtaine de membres de la Société des auteurs dramatiques, et d'amener les directeurs à* « ESSAYER, » *sans crainte, les débutants, tous ceux qui n'ayant pas été joués, ou l'ayant été très peu, écriraient une pièce convenable, ou même un chef-d'œuvre,* ce qui est bien plus difficile à faire recevoir, représenter et réussir.

Voici donc ce que je propose.

A. — Enfin !

B. — Que les jeunes et vieux auteurs, — tous ceux qui *n'ont jamais été*

[1] On pourrait citer beaucoup d'exemples, je n'en citerai que deux : M. Champfleury avait obtenu le privilége d'un théâtre de *Funambules*. — La liberté vient : les Funambules disparaissent. — M. Larochelle, le très habile et très heureux directeur d'une dizaine de théâtres de l'ancienne et de la nouvelle banlieue, M. Larochelle qui, depuis tant d'années, a trouvé moyen de réussir où tant d'autres se seraient ruinés, aurait, sans nul doute, avant le décret de 1864, obtenu un privilége pour fonder une grande scène populaire dans le centre de Paris. — La liberté vient, et le voilà tout d'abord réduit à l'impuissance, car il ne rencontre plus un seul entrepreneur qui ose lui construire une salle.

joués, et tous ceux qui, faisant partie de la Société actuelle, en sont les « cadets, » en subissent les charges, sans en goûter souvent les avantages, —se réunissent et fondent, non pas une coalition en contradiction avec tous les principes de la liberté, mais une association basée sur le principe même de la liberté !

A. — Comment diable éviterez-vous qu'elle devienne une coalition à la façon de son aînée ?

B. — En la restreignant à ne s'occuper que de ce qui la regarde légitimement.

Cette association se composerait de *quiconque en voudrait faire partie*. Pour en faire partie, *il suffirait donc de le demander*, et de s'engager à verser une cotisation régulière dont le montant serait fixé.

A. — Vous n'exigeriez aucun titre d'aucune sorte de ceux qui se présenteraient ?

B. — Aucun titre d'aucune sorte. — Elle serait ouverte à tous, à « Tartempion » comme à Emile Augier, ou à George Sand. — Avec l'argent fourni par la cotisation, on formerait un *fonds social* qui serait employé de la façon suivante :

Si l'un des membres de l'association faisait recevoir une pièce dans un théâtre quelconque, la *Société* GARANTIRAIT *au directeur le remboursement de ses frais et avances, dans le cas où ils ne seraient pas couverts par les bénéfices de la représentation*, ne demandant en échange qu'un *droit minime et temporaire sur le bénéfice*, s'il y en avait, pour augmenter le fonds social, et compenser le risque de perte qu'elle aurait couru.

A. — Je comprends. Ce serait une sorte d'*assurance mutuelle et générale contre l'incendie*.

B. — Tout juste. La Société dirait au directeur : — Vous recevez cette pièce ; nous vous garantissons contre l'insuccès : si elle tombe avant d'avoir couvert ses frais, nous vous rembourserons la différence ; si elle réussit et fait recette, vous nous donnerez tant °/₀, *sur le bénéfice* et non sur la recette brute.

A. — Je prévois bien des difficultés !

B. — Lesquelles ?

A. — D'abord il vous faudra beaucoup d'argent.

B. — Sans doute. Néanmoins si tous ceux qui font des pièces, ou qui veulent en faire, ou qui voudraient en faire, ou qui en ayant fait ont à se plaindre de l'association actuelle, se cotisent, — comme je ne fais pas appel seulement aux talents prouvés, aux capacités démontrées, mais à toutes les ambitions dramatiques, depuis la plus infime et la moins justifiée jusqu'à la plus légitime, — l'association comptera déjà un nombre considérable de membres payants, et réunira vite un fonds social imposant. — D'ailleurs, il y aurait à discuter les mesures financières, et cela ne pourrait se faire qu'en assemblée générale, lorsqu'une certaine quantité d'adhésions auraient été réunies.

A. — Ensuite votre garantie sera ruineuse, parce que les directeurs monteront des pièces quelconques, sans soin, du moment où ils ne craindront pas de perdre.

B. — C'est une erreur. — Il ne suffit pas à un directeur de ne pas perdre. — Il faut qu'il gagne ou qu'il se retire. — Il choisira donc toujours, de préférence, la pièce qui lui offrira des chances de succès. — Sur dix pièces ainsi assurées, je suppose que cinq ne couvrent pas leurs frais, et c'est invraisemblable, les cinq autres feront de l'argent, et rembourseront la Société pour les cinq insuccès. — C'est toujours l'histoire des assurances contre l'incendie. — On perd sur la maison qui brûle, on gagne sur toutes celles qui ne brûlent pas. Les sinistres ne sont jamais la règle, ni au théâtre, ni à la ville.

A. — Très bien! Alors, puisque l'intérêt du directeur est non-seulement de ne pas perdre, mais de gagner, il ira toujours aux noms connus, qui lui présenteront plus de probabilités de gains.

B. — J'ai d'autres moyens d'action. — Elucidons d'abord celui-ci. Par cette assurance contre les pertes résultant d'un insuccès, j'ai déjà ôté aux directeurs *un premier prétexte ;* ils n'auront plus à dire : — Votre pièce est bonne, je le crois, mais vous êtes inconnu, et je risque de me ruiner en la jouant, tandis que X... et Cie., rien que par son nom sur l'affiche, attirera assez de monde pour couvrir au pis-aller tous mes frais. — D'un autre côté, mon association n'impose aucun *minimum* au directeur. Comme elle le laisse débattre à sa guise le prix qu'il offrira à l'auteur de la pièce reçue, l'auteur lui dira à son tour : — « Etant moins connu que X... et Cie, j'attirerai peut-être moins de monde, mais aussi je ne vous demande pas 12 °/₀ sur la recette brute. Je vous demande *sur le bénéfice* un droit *proportionnel à ma réputation.* Elle est faible ou nulle. Vous me donnerez la moitié, le tiers ou le quart du bénéfice. — L'important pour moi, ce n'est pas de gagner beaucoup à ma première pièce, c'est de me faire connaître. — Donc, vous êtes garanti par la Société contre la perte, en cas d'insuccès; en cas de succès, je vous rapporte plus que X... et Cie, puisque vous me payez moins que lui. Quand j'aurai sa réputation, je me rattrapperai avec vous. »

A. — En effet, cela rétablit un peu l'égalité de la lutte, et, dans de semblables conditions, un directeur intelligent a tout intérêt à prendre la *meilleure* pièce, sans s'inquiéter autant du nom du signataire. — Cependant n'avez-vous pas quelque petite clause vexatoire contre les directeurs?

B. — Aucune. — La Société ne lit même pas les pièces qui sont présentées au directeur. Elle ne s'occupe pas du prix qu'il donne à leurs auteurs. — Elle l'assure et l'affranchit d'une de ses plus pénibles préoccupations, et elle espère en son équité, du moment où son intérêt n'y sera pas opposé. Du même coup, elle rend les débuts possibles, et ouvre la porte fermée aux inconnus.

A. — Je l'admets; toutefois ne craignez-vous pas que votre prix débattu n'amène des abus très préjudiciables aux intérêts des auteurs, et que les directeurs ne se coalisent pour ne plus payer les pièces qu'un prix dérisoire?

Cela vous ramènerait bien vite à l'état de choses intolérable que l'association a voulu combattre par son *minimum*. Ainsi, un cousin de ma femme me racontait dernièrement, qu'autrefois on achetait une comédie en un acte *deux cents francs* une fois payés, et qu'on donnait *neuf francs* pour une pièce en trois actes par représentation.

B. — Je ne nie pas le danger. Mais si de pareils scandales devaient se renouveler, ce que je ne crois plus possible, il suffirait sans doute de les signaler pour les faire cesser. S'il en était autrement, la nouvelle association des auteurs aviserait, et trouverait à coup sûr un moyen de protéger ses membres contre cette inique exploitation. Du reste, dès à présent, je ne vois pas pourquoi l'association, qui prélèvera, avons-nous dit, un tant pour cent sur le bénéfice des pièces *garanties* par elle, ne diviserait pas ce tant pour cent en deux parts, dont l'une serait attribuée à l'auteur, — indépendamment de ses conventions avec le directeur, — tandis que l'autre irait grossir le fonds social.

Je vous ferai ensuite observer que l'abolition du *minimum* ne saurait s'étendre aux théâtres de la province ou de l'étranger, à toutes les scènes en un mot qui se contentent de reprendre les pièces jouées avec succès sur les scènes parisiennes. — De cette exception à la règle du *prix débattu*, il y a plusieurs raisons. — D'abord, dans la pratique, il serait impossible qu'un auteur discutât, *pour chacune de ses pièces*, le montant de ses droits avec les *deux cents directeurs* qui successivement peut-être monteront son œuvre; et la perception de ces droits variant à l'infini, *pour chaque pièce, pour chaque écrivain,* deviendrait tellement compliquée qu'une armée d'agents de la Société n'y suffirait pas.

D'autre part un directeur de théâtre, à Paris, achète une pièce *inédite*, dont rien ne lui assure positivement la réussite. C'est une bataille qu'il livre, qu'il peut perdre, et dont le gain est d'autant moins certain que l'auteur est plus inconnu, tandis qu'un directeur en province ou à l'étranger joue à coup sûr des œuvres consacrées, avec lesquelles il ne court aucun risque d'insuccès.

Un directeur, à Paris, par la représentation, *crée* une propriété, ou, du moins, *lui donne sa valeur vénale*. Il est donc juste que les autres directeurs ne puissent jouir à leur tour de cette propriété qu'en la payant un prix convenu et uniforme. — Le jour de la première représentation, il y a une grande différence entre George Sand, Emile Augier, Barrière, Sardou, etc., et « Tartempion. » Mais, le lendemain, lorsque le public a applaudi, lorsque la critique a rendu son verdict; mais, trois mois après, lorsque le drame ou la comédie, le vaudeville ou la féerie ont eu 100 représentations, il n'y a plus de différence aux yeux du caissier : il y a une pièce qui réussit et fait recette. — Tous les auteurs sont égaux devant le succès.

Grâce à cette exception *nécessaire* et *juste*, il devient impossible qu'un auteur soit entièrement frustré du prix légitime de son travail. — Il paye, sans doute, à Paris, sa bienvenue, mais il n'est pas dépouillé, comme il l'était jadis, et l'*Association,* par ses traités généraux, lui assure une équitable rémunération *pour toutes les reproductions* de son œuvre dramatique.

A. — Très bien. Mais l'*ancienne Société*, la *coalition*, comme vous l'appelez, a des traités passés avec tous les théâtres, et la coalition n'abdiquera pas du jour au lendemain.

B. — Ces traités ne dureront pas éternellement, et les directeurs ne les renouvelleront pas, s'ils peuvent faire autrement, s'il existe une autre association qui leur assure les moyens de vivre, malgré l'*interdit*. Ensuite il se fonde de nouveaux théâtres, il s'en fondera bien davantage, dans ces conditions différentes. — Ces théâtres existeront *par* et *pour* l'association.

A. — Que direz-vous, si X... et Cie se joint à vous, et veut profiter de votre *assurance* contre les chances de non-réussite?

B. — Je dirai à X... et Cie, comme à tous ceux qui auront un nom, grâce à de réels succès au théâtre : — Ce que je veux, c'est ouvrir les portes aux débutants, et non les fermer; ce que je veux c'est faire une balance égale entre tous les talents, qu'ils soient inconnus ou connus, qu'ils commencent ou qu'ils finissent, qu'ils arrivent ou qu'ils s'en aillent. Votre réputation et votre habileté éprouvée répondent pour vous. L'association ne répond que pour ceux qu'on repousserait probablement sans elle. Ceci excepté, l'association vous rendra tous les petits services que vous rendait l'ancienne. Elle percevra pour vous les droits d'auteur dont vous serez convenu avec le directeur. Elle surveillera et défendra vos intérêts en tout et partout, ceux de votre veuve et de vos héritiers, comme faisait la *coalition* dont vous avez si largement profité; mais elle ne vous assurera pas, parce que, avec votre réputation et l'*assurance*, vous auriez encore tous les avantages, ce que nous voulons éviter.

A. — On ne peut mieux. — Tous les directeurs pourtant ne sont pas des phénix, ni des hommes consciencieux, ni des hommes intelligents. Ils pourront fort bien refuser d'excellentes pièces qui mériteraient d'être reçues, et rien ne vous garantit contre leur partialité ou une foule de considérations personnelles qui les décideront à repousser M. *** et à recevoir M. ***.

B. — Pourvu qu'ils reçoivent quelqu'un, c'est déjà un grand point.

A. — Parmi les directeurs, les uns sont riches, et ne croient qu'au talent des gens riches; les autres sont vieux, et ne croient qu'au talent des vieillards; les autres sont la créature d'un ministre, et ne croient qu'au talent des protégés du ministre; les autres, — parvenus ignorants et vaniteux, — aiment à faire sentir leur importance, ou bien ils ont le goût faux, ou bien ils n'en ont pas du tout...

B. — Ce qui vaut encore mieux. L'homme n'est pas parfait, je le sais. Mais j'ai un second moyen d'action qui combattra en partie ces inconvénients inévitables.

A. — Voyons!

B. — LES LECTURES PUBLIQUES. — Un auteur présente sa pièce, elle est refusée. — Il s'adresse à l'association, et demande que la pièce refusée soit soumise, *alors seulement*, à un comité de lecture.

A. — Qui le nommera ce comité?

B. — Personne. — On tirera au sort trente noms, parmi les membres de l'association. — Le postulant aura droit de récusation contre dix membres parmi lesquels pourraient se trouver des ennemis personnels et des amis plus ou moins intimes, mais envieux. — Ce comité prendra connaissance de la pièce, et, s'il la juge suffisante, il déclarera qu'il y a lieu d'en faire une *lecture publique*. — Ce sera un appel du jugement de l'intérêt privé à l'*opinion publique*.

A.—Allons donc! Et qui garantira l'impartialité et l'intelligence du comité?

B.—Son intérêt. — Ne sera-t-il pas composé d'individus qui, demain, seront soumis à la juridiction d'un comité semblable?

A. — Qu'entendez-vous par vos *lectures publiques?*

B. — L'association louera une salle, et convoquera tous les *critiques du lundi*, tous les *directeurs de théâtre*, les *principaux acteurs des principales scènes*, les *sommités littéraires et artistiques*. — On mettra en location le restant des places. Devant ce public d'élite, la pièce refusée sera lue.

A. — Comment voulez-vous qu'on juge une pièce à la lecture? Une pièce doit être jouée.

B. — Le directeur qui l'a refusée, l'a-t-il fait jouer devant lui, pour déclarer qu'elle ne méritait pas la représentation?

A. — Non.

B. — Il l'a donc LUE ou fait lire, et c'est *sur la lecture qu'il l'a condamnée*.

A. — Mais il s'y connait, c'est son métier.

B. — Il devrait s'y connaître, mais il ne s'y connaît pas toujours. — Rappelez-vous Gil Blas chez les comédiens. — Ensuite, je prétends que deux cents critiques, directeurs, acteurs, écrivains, hommes d'élite et du monde, s'y connaîtront aussi bien et mieux que lui. On l'a dit depuis longtemps, il y a quelqu'un qui a plus d'esprit que Voltaire, et ce quelqu'un, *c'est tout le monde!*

A. — Vous pourriez avoir raison.

B. — Ces *lectures*, peu coûteuses et faciles à réaliser, auront le double avantage de rendre les directeurs circonspects, de les forcer à examiner sérieusement les manuscrits qu'on leur soumet, — ce qu'ils ne font presque jamais, — et d'attirer l'attention sur un auteur qui pourra ainsi se révéler comme un écrivain d'avenir et de talent.

A. — Personne n'ira à vos lectures. Qui s'inquiète d'un inconnu, d'un *refusé?*

B. — Evidemment si j'annonçais demain que je vais lire une pièce de moi, qui a eu le malheur de déplaire au directeur de..., personne ne viendrait. Mais si je faisais partie d'une association nombreuse et active, soyez sûr qu'on ne manquerait pas d'accourir; car, ce jour-là, je ne m'appellerais plus « Tartempion, » je m'appellerais : LÉGION!

A. — D'ailleurs, il suffirait qu'un critique influent y vînt une fois, et en parlât dans son feuilleton, avec quelques phrases bien senties sur les *jeunes* et les *inconnus* de génie, pour que la mode s'en mêlât. Moi j'irais, quand ce ne serait que pour connaître Jules Janin, qui cite Horace à propos des pièces qu'il ne va jamais voir, et rêve tout éveillé de l'*Académie française!*

B. — Tout le monde aurait cette curiosité. — Les directeurs eux-mêmes y viendraient avec l'espoir d'y trouver, par hasard, l'heureux auteur qui fera leur fortune. Mais j'ai encore un autre moyen de publicité.

A. — Abondance de bien ne nuit jamais.

B. — En dehors des *lectures*, l'association pourrait organiser, si elle était assez riche, et elle le deviendrait promptement, du jour où elle serait constituée, des REPRÉSENTATIONS de pièces de ceux de ses membres qui n'auraient jamais été joués. C'est ce que j'appelle la grande épreuve, l'épreuve sans réplique. — En attendant qu'on pût acheter un théâtre, — et il s'en trouvera certainement de vacants, si on en construit plusieurs,—l'association loûerait soit une salle de concert, soit tout autre local se prêtant à cet usage, et donnerait, à des époques déterminées, des représentations, devant un public composé comme celui des *lectures*. On jouerait la même pièce trois fois de suite par exemple, en mettant les places non données à un prix élevé.

A. — Pourquoi trois fois, et pas davantage?

B. — Parce que ce ne serait pas une entreprise ordinaire, une spéculation industrielle, mais un *appel à l'opinion publique*, je le répète, un théâtre d'essai destiné à *faire connaître seulement* les jeunes auteurs, et qu'il ne faudrait pas qu'une pièce s'éternisât au détriment d'une autre. — Si votre pièce réussissait, vous trouveriez, le lendemain, un directeur pour la monter, ou vous en commander une autre.

A. — Cela coûterait cher.

B. — Sans doute, mais moins que vous ne croyez. — Les amateurs seraient curieux de ces *premières* représentations, *premières* à tous les points de vue. Les étrangers, les gens riches, ceux qui visent à la réputation de connaisseurs et d'aristarques s'en disputeraient les places. Ce serait aussi un pas décisif vers un but auquel nous devons tendre de toutes nos forces : L'EXPLOITATION DIRECTE des produits littéraires par les auteurs.

D'un autre côté, il ne manque pas, à Paris, d'acteurs jeunes ou vieux, sans emploi, et qui cherchent un engagement. — Ces acteurs profiteraient avec joie de ces occasions de se montrer à un public d'élite. Ce sont là d'ailleurs les voies et moyens, les détails pratiques, les mesures matérielles, qu'il s'agirait de trouver plus tard, et que l'association discuterait dans ses assemblées. — L'important est de savoir si le principe est juste et fecond. Je le crois. — Les gens riches n'ont-ils pas souvent des *théâtres de société* pour leur plaisir et celui de leurs amis?

A. — Cela devient fort à la mode.

B. — Ce qu'un homme riche peut faire pour sa satisfaction personnelle, une association ne pourrait-elle le faire dans un but d'intérêt général? Le théâtre, en France, n'a pas d'autre origine. — Rappelez-vous les *Enfants Sans-souci* et les *Clercs de la Bazoche*. — Pourquoi les Barrière et les Sardou de l'avenir n'auraient-ils pas un théâtre à eux, où ils pourraient s'essayer et se révéler, sans subir les longs dégoûts qui les attendent auprès des directeurs ordinaires?

A. — Je ne demande pas mieux, si cela est possible. Mais vous ne jouerez sans doute pas toutes les pièces de tous les membres de l'association?

B. — A coup sûr non. — On n'en finirait pas, puis, il faut éviter de déranger la critique et le public pour entendre des platitudes qui nuiraient à l'influence de l'association elle-même.

A. — Alors, il y aura un choix. — Qui le fera?

B. — Les membres désignés au sort.

A. — Et vous ne craignez pas les cabales, les jalousies? Qui me répond du bon goût et de l'équité de votre comité?

B. — Qui répond de l'intelligence et de l'équité des juges? On s'adresse à eux pourtant.— Il y a des inconvénients impossibles à éviter. Néanmoins je vous ferai observer que ce comité n'ayant à choisir qu'entre des noms également inconnus au théâtre, et n'ayant pas un intérêt financier directement engagé dans la question, offrira plus de garanties qu'un directeur de théâtre. — D'abord vingt avis valent mieux qu'un. Ensuite les considérations de réputation et de gain probable mises à part, il devient vraisemblable que le talent seul l'emportera aux yeux de jurés qui n'auront aucun motif pour le repousser. — Les hommes réunis sont presque toujours sensibles aux belles choses, et se laissent aller à accueillir le mérite.

A. — Je devine d'autres écueils.

B. — Veuillez me les signaler.

A. — Je vois que pour les *lectures* et les *représentations* il y aura des *appelés* et des *élus*. — Ne craignez-vous pas que ceux qui seront jugés indignes de ces épreuves publiques, ne se sentent blessés dans leur amour-propre, et ne se retirent de l'association où ils ne trouveront plus leur profit?

B. — Cela arriverait nécessairement, si l'association n'avait pas d'autre but que les *lectures* et les *représentations*, puisque, par la force même des choses, elles profiteront à beaucoup, mais non à tous. Seulement vous oubliez que l'association a un troisième but, qui, celui-là, profitera à tous : l'ASSURANCE. En effet, *quiconque en fait partie a, de droit, sa pièce* GARANTIE *vis-à-vis des directeurs contre les chances d'un insuccès pécuniaire. L'association, du moment où un directeur monte une pièce et la joue,* ASSURE *cette pièce, quelle qu'elle soit, sans la lire.* Il y a là une force pour tous, un avantage considérable dont tous peuvent profiter, et qui retiendra chacun dans l'association. Pourquoi un auteur y renoncerait-il? Le lendemain de sa démission, il se retrouverait, comme aujourd'hui, *seul contre tous.*

A. — Vous avez raison.

B. — Pour compléter l'association, pour rendre son action plus générale et plus efficace, pour unir tous ses membres entre eux, pour mettre d'une façon incessante le public en tiers dans ses faits et gestes, je proposerais de fonder un journal, qui serait le *Bulletin officiel de la Société.* Ce journal reproduirait toutes les décisions décrétées en commun, toutes celles prises par le comité directeur en vertu des pouvoirs qu'on lui aurait délégués. — Il insérerait toutes les réclamations des auteurs, toutes leurs observations. — Il donnerait toutes les nouvelles dramatiques de nature à intéresser les membres associés, ainsi que les renseignements divers qu'on lui demanderait. — Il inscrirait enfin *la date du jour où un auteur déposerait son manuscrit entre les mains d'un directeur*.

A. — Pourquoi cela?

B. — Parce que souvent un directeur garde un manuscrit pendant des mois et des années sans le lire, tandis que l'auteur, dévoré d'inquiétude, attend vainement le *oui* ou le *non* qui doit décider de son avenir immédiat. Je n'impose pas à un directeur de lire un manuscrit dans un délai de... parce qu'il ne faut rien imposer à personne; mais je prends date, pour que tous sachent si ce directeur remplit son devoir vis-à-vis des auteurs. — Cela est plus essentiel que vous ne croyez. — Il y a, à Paris, un directeur qui cherche en vain un succès depuis deux ans. Les chutes s'accumulent à son théâtre, quoiqu'il ne représente que des œuvres signées de noms *connus* et même célèbres. Dans son cabinet, il a peut-être deux cents manuscrits à lire. — Dans ces deux cents manuscrits, il y a peut-être une ou deux pièces excellentes, qui rétabliraient ses affaires. — Eh! bien, depuis un an, il n'en a pas lu une seule! Il va frapper à la porte de Pierre et de Jacques, parce que Pierre et Jacques ont un nom. Il monte leurs œuvres, et il se ruine. — Si l'association existait avec son *assurance*, ses *lectures*, ses *représentations*, et son *journal*, — ce directeur s'en trouverait beaucoup mieux et les auteurs aussi.

A. — Est-ce tout? Etes-vous au bout de vos propositions?

B. — Oui. — Seulement j'ajouterai que, dans mon idée, l'association s'étend à la France entière et même à l'étranger, pour les citoyens français.

A. — Que voulez-vous faire de la France et de l'étranger? — Il n'y a que Paris.

B. — On le dit... à Paris. Mais, à Carpentras, il peut se rencontrer un homme de génie ayant écrit un chef-d'œuvre.

A. — Est-ce probable?

B. — Il suffit que ce soit possible. Cet homme de génie, par pauvreté, ou pour tout autre motif, reste dans sa province, et ignore complétement les choses du théâtre. — Comment présentera-t-il sa pièce, et à qui? — Est-il membre de l'association? Il adresse son manuscrit à l'association, et l'association par son agent, le dépose chez tel ou tel directeur, ou en prend connaissance et le propose, soit pour une *lecture*, après refus, soit pour une *représentation* sur le théâtre de la Société. Et voilà un homme sauvé, qui sait? un Beaumarchais découvert.

A. — Je le souhaite, mais n'y crois guère.

B. — J'ajouterai encore que les *compositeurs*, dont le sort est cent fois plus malheureux que celui des auteurs [1], trouveraient dans l'*association* telle

[1] Voir à ce sujet un excellent article de M. Reyer, dans le *Moniteur universel* du 3 janvier 1865.

que je la rêve, un auxiliaire efficace et précieux. — Il suffirait, pour eux, de transformer les *lectures* en CONCERTS, et le théâtre de la Société serait ouvert à leurs opérettes, du jour où ils posséderaient un *libretto*.

A. — Cela va sans dire. — Maintenant, ne craignez-vous pas que X... et Cie, tous ceux qui ont une réputation et qui sont joués, ne se coalisent contre vous? — Songez-y, vous venez demander place à la table où ils s'engraissent en l'absence de tout concurrent!

B. — D'abord, je vous ferai observer que la *coalition* dont vous me menacez existe de fait aujourd'hui, et que c'est elle que je propose de combattre par des armes loyales et un appel incessant à l'*opinion publique*. Ensuite, parmi les *arrivés*, les *joués*, je distingue deux catégories : d'une part X... et Cie — c'est-à-dire l'homme médiocre, le faiseur habile, à qui toute concurrence est dangereuse, parce que son succès repose moins sur son mérite que sur le monopole qu'il exerce; — d'autre part les écrivains de talent. — X... et Cie peut redouter la nouvelle association : n'étant plus à peu près seul, il ne serait plus peut-être dans les premiers; mais les hommes qui ont conquis une juste réputation par des œuvres excellentes et réellement remarquables, les Emile Augier et les George Sand, pour ne citer que les deux plus grands, n'auraient rien à redouter des nouveaux venus, et seraient les premiers à nous tendre la main. Le talent ne craint personne. Il a son rang, dont personne ne peut le déposséder. — Parce que vingt auteurs débuteraient demain, les *Lionnes pauvres* ou *Maître Guérin* n'en seraient pas moins, ce que tout le monde les juge, d'admirables pièces, les *Beaux-Messieurs de Bois-Doré* et le *Marquis de Villemer* n'auraient pas un spectateur de moins, et le nom de George Sand n'aurait rien perdu de sa popularité. Que l'association se fonde, et le triage se fera immédiatement entre les hommes de valeur et les hommes de procédé, entre les écrivains et les exploiteurs, entre ceux qui ont des idées et ceux qui ont des *ficelles*. — X... et Cie voudra nous étouffer ; les autres nous crieront : Courage!

A. — Vous avez réponse à tout; mais vous menacez des intérêts, et vous aurez plus d'une lutte à soutenir.

B. — Je menace les intérêts des monopoliseurs qui abâtardissent l'art dramatique, qui encombrent le marché de leurs produits inférieurs, et qui réduisent à un état misérable la plus noble des industries.

Mais je protége les intérêts bien entendus des directeurs, ceux de tous les hommes de mérite, et ceux du public entier.

En résumé, ce que je conçois, au lieu d'être une *coalition*, sera une association vraiment libérale, *toute à tous*, sans exclusion, sans monopole, profitant surtout aux faibles et aux dédaignés. Elle s'appuie sur un principe éminemment moderne, auquel l'avenir appartient : *l'assurance mutuelle*. C'EST UNE INSTITUTION DE CRÉDIT APPLIQUÉ AUX ŒUVRES DE L'INTELLIGENCE, qui garantit le producteur, le débitant et le consommatenr.

Elle agit comme une banque : elle *prête* à tous ceux qui veulent tenter la fortune, et se rembourse sur ceux qui réussissent des frais que lui ont coûtés ceux qui succombent. En dehors de cela, elle repose sur le principe indiscutable aujourd'hui, que *l'opinion publique doit décider en dernier ressort*. Elle lui soumet tous ses actes, elle l'appelle à prononcer sur les prétentions opposées des directeurs et des auteurs, soit par ses *lectures publiques*, soit par ses *représentations d'essai*, soit par son *journal*, tribune ouverte à toutes les réclamations.

Elle dit aux auteurs :

Ayez seulement du talent, et vous triompherez.

Elle dit aux directeurs :

Je vous affranchis de tous ces traités onéreux, que vous subissez malgré vous; je vous rends la liberté de votre industrie; vous jouerez qui vous voudrez, vous le paierez selon le mérite de son œuvre, et *votre bénéfice;* je ne vous impose aucun *minimum*, aucun engagement. Seulement je vous mets sous le contrôle incessant et la surveillance quotidienne du public entier. — Ce n'est pas moi qui vous jugerai, qui vous condamnerai ou vous approuverai, c'est l'OPINION; ce n'est pas à moi que vous aurez affaire c'est à elle. Elle est la reine du monde, et vous lui obéirez !

Je ne demande le désintéressement à personne. Je demande à chacun de comprendre son intérêt véritable, qui est, en somme, l'intérêt de tout le monde. — Je ne menace que les impuissants et les accapareurs. — Je dis encore aux jeunes auteurs, aux inconnus, à tous ceux qui souffrent du privilége, et qui ont besoin de la liberté :

« Seuls et isolés, vous êtes vaincus, parce que vous êtes faibles. — « Unissez-vous, et vous serez forts. — On vous donne la liberté, sachez en « user, et vous en montrer dignes, car on mérite les injustices que l'on subit ! « Il y a des abus? Marchez contre les abus, écrasez-les. Si vous valez « quelque chose, montrez-le autrement que par des protestations stériles « et une lâche résignation. — Votre sort est entre vos mains. C'est par « l'exercice des petites libertés et des droits de chaque jour, qu'on fonde la « grande liberté et le règne du droit. — Cessez de vous plaindre, quand « vous pouvez agir. — Dites : Que la lumière soit, et la lumière sera ! »

A. (*qui a écouté ces dernières paroles avec une inquiétude croissante, — à part.*) — Je me suis laissé entortiller par lui, mais je crains bien que ce ne soit qu'un révolutionnaire!

Paris, — Typ. de Ch. Meyrueis, rue des Grès, 11. — 1865.

www.ingramcontent.com/pod-product-compliance
Lightning Source LLC
LaVergne TN
LVHW020629110826
845149LV00004B/1114

* 9 7 8 2 0 1 9 1 9 2 5 2 5 *